Impressum
Verlag: BABADADA GmbH, Nedderfeld 112 , 22529 Hamburg
Geschäftsführer / Verlagsleitung: Harald Hof
Druck: Books on Demand GmbH, In de Tarpen 42, 22848 Norderstedt

Imprint
Publisher: BABADADA GmbH, Nedderfeld 112 , 22529 Hamburg, Germany
Managing Director / Publishing direction: Harald Hof
Print: Books on Demand GmbH, In de Tarpen 42, 22848 Norderstedt

школа

école

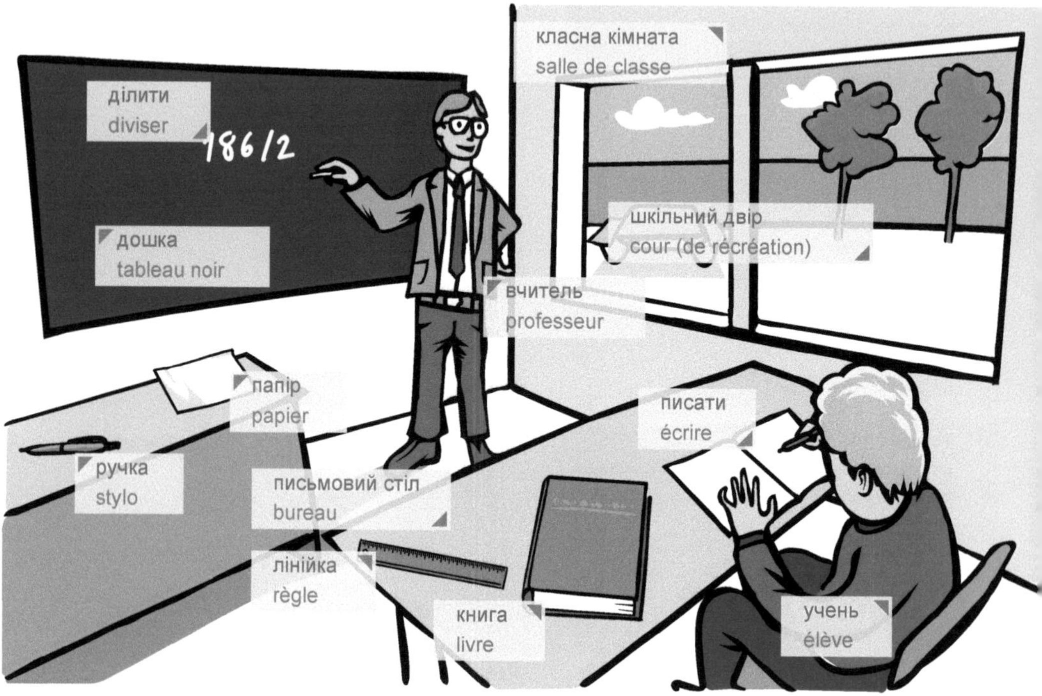
класна кімната
salle de classe
ділити
diviser
186/2
дошка
tableau noir
шкільний двір
cour (de récréation)
вчитель
professeur
папір
papier
писати
écrire
ручка
stylo
письмовий стіл
bureau
лінійка
règle
книга
livre
учень
élève

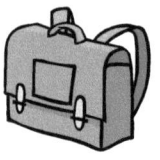

ранець

cartable

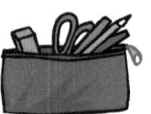

пенал

trousse

олівець

crayon

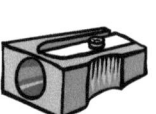

точило

taille-crayon

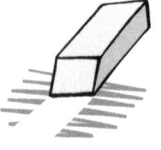

гумка

gomme

альбом для малювання

carnet à dessin

малюнок

dessin

пензель

pinceau

коробка фарб

boîte de peinture

ножиці

ciseaux

клей

colle

зошит

cahier d'exercices

домашнє завдання

devoirs

число

chiffre

додавати

additionner

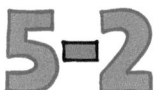

віднімати

soustraire

множити

multiplier

рахувати

calculer

літера

lettre

абетка

alphabet

слово

mot

текст

texte

читати

lire

крейда

craie

година

leçon

класний журнал

livre de classe

екзамен

examen

диплом

certificat

шкільна форма

uniforme scolaire

освіта

formation

лексикон

lexique

університет

université

мікроскоп

microscope

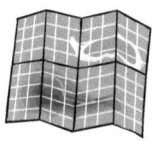

карта

carte

кошик для паперу

corbeille à papier

подорож
voyage

готель
hôtel
Grand
турбаза
auberge
ROOMS
обмінний пункт
bureau de change
валіза
valise
автомобіль
voiture

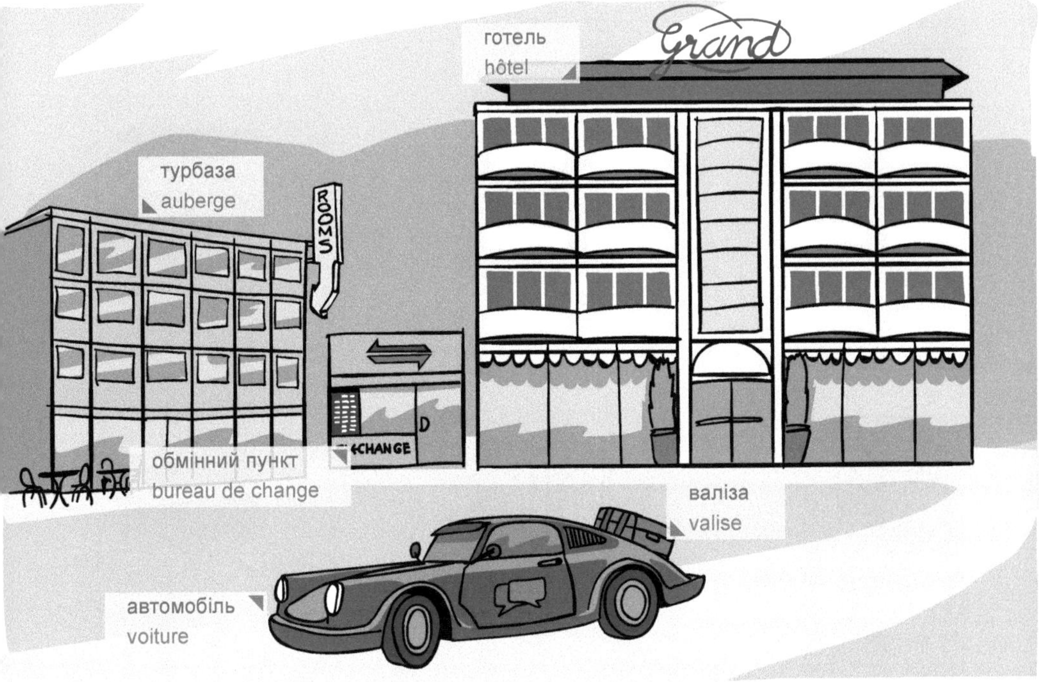

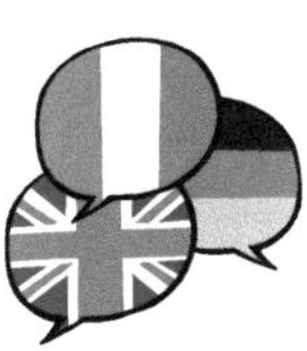

мова

langue

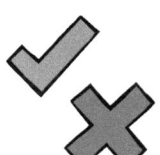

так / ні

oui / non

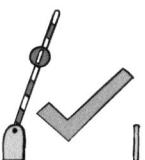

добре

d'accord

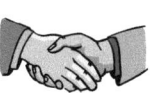

привіт

Salut

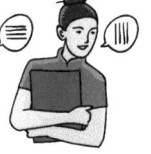

перекладач

interprète

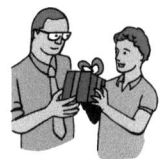

дякую

merci

Скільки коштує ...?

Combien coûte...?

Я не розумію

Je ne comprends pas

проблема

problème

Добрий вечір!

Bonsoir !

Доброго ранку!

Bonjour !

На добраніч!

Bonne nuit !

До побачення

Au revoir

напрямок

direction

багаж

bagages

сумка

sac

рюкзак

sac-à-dos

гість

hôte

кімната

pièce

спальний мішок

sac de couchage

намет

tente

туристична інформація

office de tourisme

пляж

plage

кредитна картка

carte de crédit

сніданок

petit-déjeuner

обід

déjeuner

вечеря

dîner

квиток

billet

ліфт

ascenseur

поштова марка

timbre

межа

frontière

митниця

douane

посольство

ambassade

віза

visa

паспорт

passeport

подорож - voyage

транспорт
transport

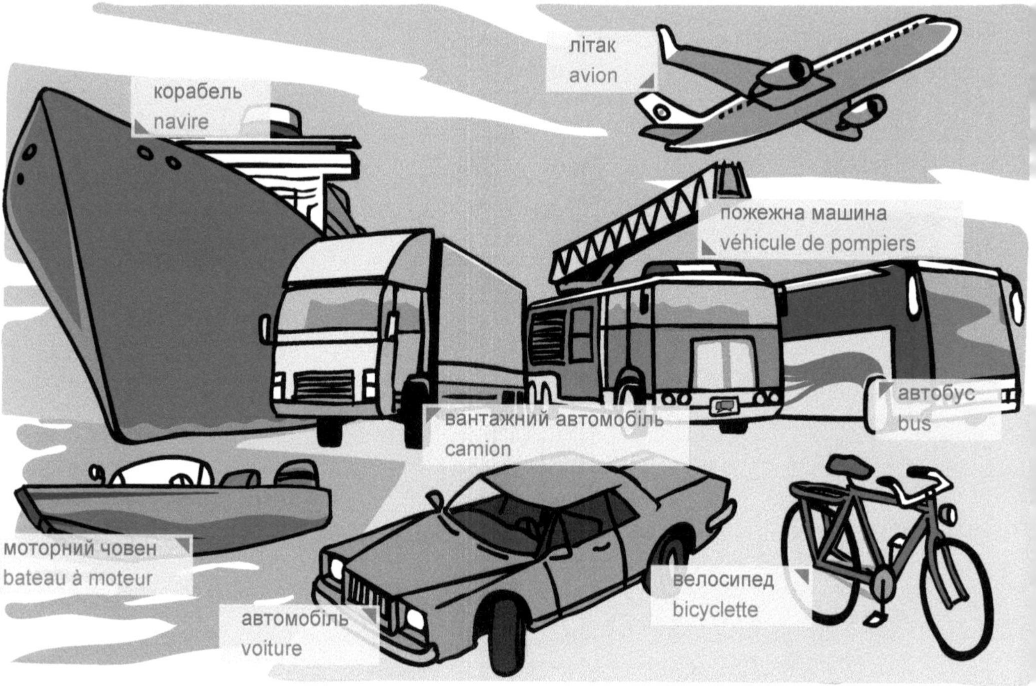

літак
avion

корабель
navire

пожежна машина
véhicule de pompiers

автобус
bus

вантажний автомобіль
camion

моторний човен
bateau à moteur

велосипед
bicyclette

автомобіль
voiture

пором

ferry

човен

barque

мотоцикл

moto

поліцейська машина

voiture de police

гоночний автомобіль

voiture de course

автомобіль на прокат

voiture de location

спільне користування авто

auto-partage

евакуатор

voiture de remorquage

сміттєвоз

benne à ordures

двигун

moteur

паливо

essence

автозаправна станція

station d'essence

дорожній знак

panneau indicateur

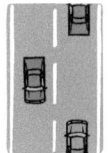

рух

trafic

затор

embouteillage

стоянка

parking

вокзал

gare

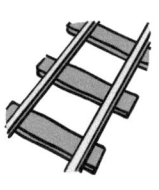

рейки

rails

потяг

train

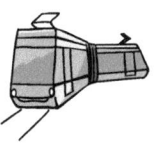

трамвай

tramway

вагон

wagon

гелікоптер

hélicoptère

аеропорт

aéroport

вежа

tour

пасажир

passager

контейнер

conteneur

коробка

carton

візок

chariot

кошик

corbeille

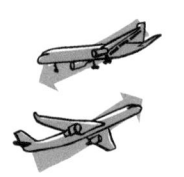

стартувати / приземлятися

décoller / atterrir

місто

ville

село

village

центр міста

centre-ville

дім

maison

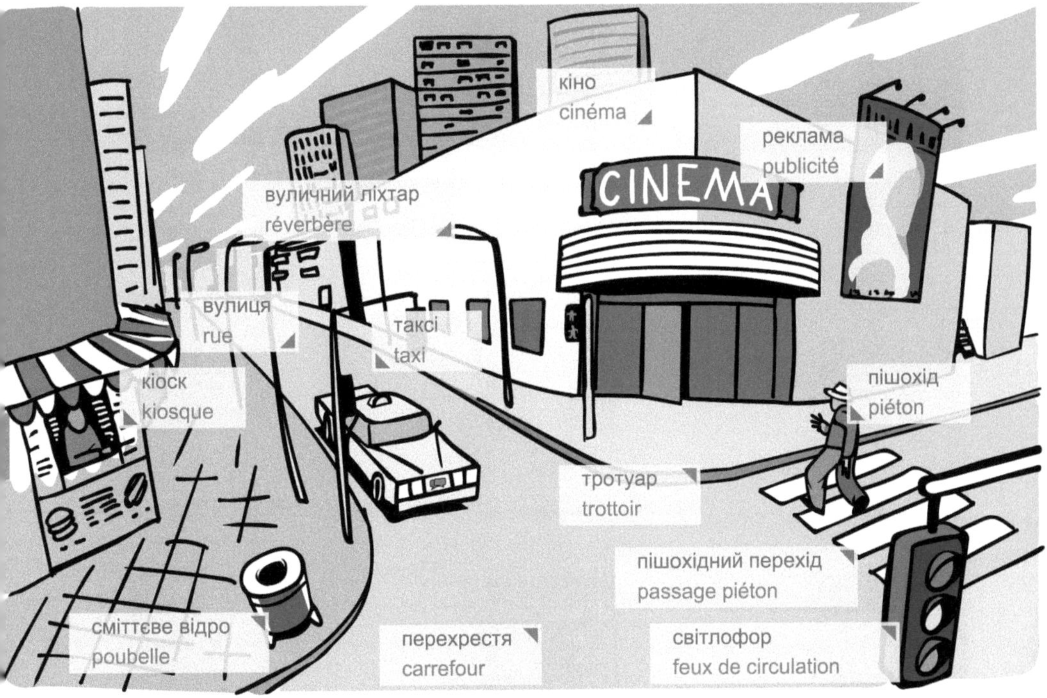

кіно
cinéma

реклама
publicité

вуличний ліхтар
réverbère

CINEMA

вулиця
rue

таксі
taxi

кіоск
kiosque

пішохід
piéton

тротуар
trottoir

сміттєве відро
poubelle

перехрестя
carrefour

пішохідний перехід
passage piéton

світлофор
feux de circulation

хатина

cabane

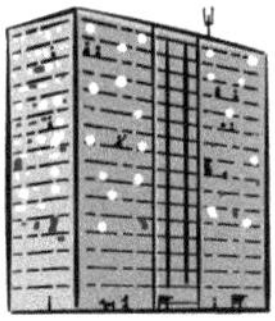

квартира

appartement

вокзал

gare

ратуша

mairie

музей

musée

школа

école

університет

université

банк

banque

лікарня

hôpital

готель

hôtel

аптека

pharmacie

офіс

bureau

книжковий магазин

librairie

магазин

magasin

квітковий магазин

fleuriste

супермаркет

supermarché

ринок

marché

універмаг

grand magasin

торговець рибою

poissonnerie

торговельний центр

centre commercial

гавань

port

парк

parc

лава

banque

міст

pont

сходи

escaliers

метро

métro

тунель

tunnel

автобусна зупинка

arrêt de bus

бар

bar

ресторан

restaurant

поштова скринька

boîte à lettres

вулична табличка

panneau indicateur

лічильник паркування

parcmètre

зоопарк

zoo

басейн

piscine

мечеть

mosquée

ферма

ferme

забруднення
навколишнього
середовища
pollution

кладовище

cimetière

церква

église

дитячий майданчик

aire de jeux

храм

temple

ландшафт
paysage

листок
feuille

вказівний стовп
panneau indicateur

шлях
chemin

луг
pré

камінь
pierre

мандрівник
randonneur

дерево
arbre

річка
rivière

трава
herbe

квітка
fleur

долина

vallée

гора

montagne

озеро

lac

ліс

forêt

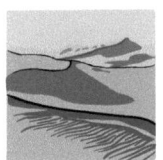

пустеля

désert

вулкан

volcan

замок

château

веселка

arc-en-ciel

гриб

champignon

пальма

palmier

комар

moustique

муха

mouche

мурашка

fourmis

бджола

abeille

павук

araignée

ландшафт - paysage

15

жук

coléoptère

жаба

grenouille

вивірка

écureuil

їжак

hérisson

заєць

lièvre

сова

chouette

птах

oiseau

лебідь

cygne

кабан

sanglier

олень

cerf

лось

élan

гребля

barrage

вітряк

éolienne

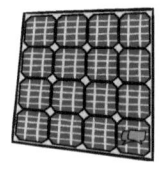

сонячний модуль

panneau solaire

клімат

climat

ресторан
restaurant

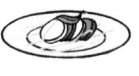

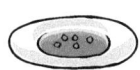

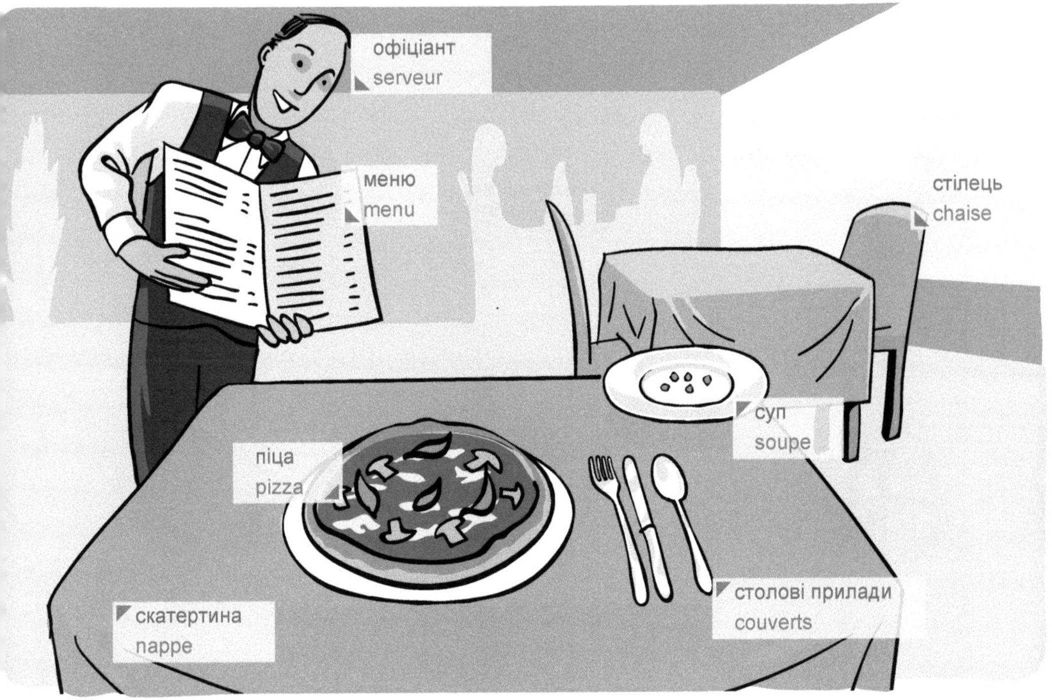
офіціант
serveur
меню
menu
стілець
chaise
суп
soupe
піца
pizza
столові прилади
couverts
скатертина
nappe

закуска

hors d'œuvre

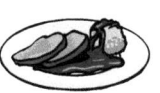

друга страва

plat principal

десерт

dessert

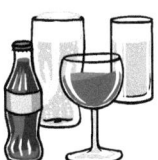

напої

boissons

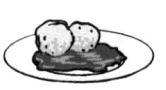

їжа

alimentation

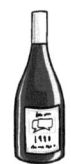

пляшка

bouteille

фаст-фуд

fast-food

вулична їжа

plats à emporter

чайник

théière

цукорниця

sucrier

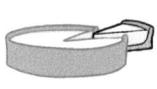

порція

portion

еспресо-машина

machine à expresso

високий стільчик

chaise haute

рахунок

facture

піднос

plateau

ніж

couteau

вилка

fourchette

ложка

cuillère

чайна ложка

cuillère à thé

серветка

serviette

склянка

verre

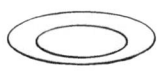

тарілка

assiette

тарілка для супу

assiette à soupe

блюдце

soucoupe

соус

sauce

солонка

salière

млин для перцю

moulin à poivre

оцет

vinaigre

масло

huile

спеції

épices

кетчуп

ketchup

гірчиця

moutarde

майонез

mayonnaise

супермаркет
supermarché

пропозиція
offre promotionnelle
FOR
клієнт
client
молочні продукти
produits laitiers
фрукти
fruits
візок для покупок
chariot

BUTCHERS

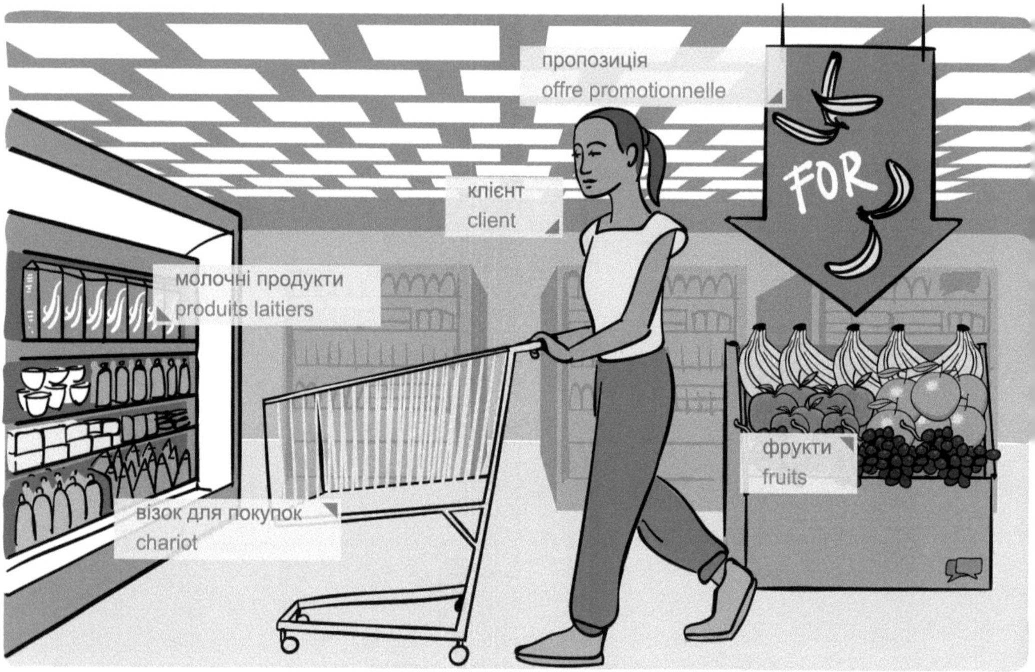

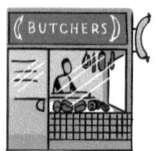

м'ясний магазин

boucherie

BAKERY

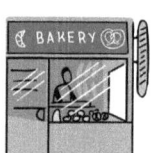

пекарня

boulangerie

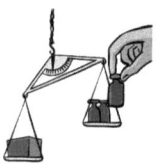

зважувати

peser

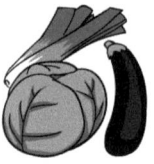

овочі

légumes

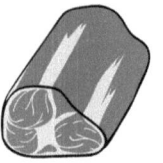

м'ясо

viande

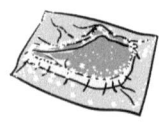

заморожені продукти

aliments surgelés

ковбасна нарізка

charcuterie

консерви

conserves

пральний порошок

poudre à lessive

солодощи

bonbons

предмети домашнього побуту

articles ménagers

мийний засіб

détergents

продавщиця

vendeuse

каса

caisse

касир

caissier

список покупок

liste d'achats

часи роботи

heures d'ouverture

гаманець

portefeuille

кредитна картка

carte de crédit

сумка

sac

поліетиленовий пакет

sac en plastique

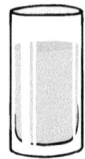

вода

eau

сік

jus de fruit

молоко

lait

кола

coca

вино

vin

пиво

bière

алкоголь

alcool

какао

chocolat chaud

чай

thé

кава

café

еспресо

expresso

капучіно

cappuccino

банан

banane

яблуко

pomme

апельсин

orange

кавун

melon

лимон

citron

морква

carotte

часник

ail

бамбук

bambou

цибуля

oignon

гриб

champignon

горішки

noisettes

локшина

pâtes

спагеті

spaghetti

рис

riz

салат

salade

картопля фрі

pommes frites

смажена картопля

pommes de terre rôties

піца

pizza

гамбургер

hamburger

бутерброд

sandwich

шніцель

escalope

шинка

jambon

салямі

salami

ковбаса

saucisse

курка

poulet

печеня

rôti

риба

poisson

вівсяні пластівці

flocons d'avoine

мюслі

muesli

кукурудзяні пластівці

cornflakes

борошно

farine

круасан

croissant

булочка

petits-pains

хліб

pain

тостовий хліб

pain grillé

печиво

biscuits

масло

beurre

сир

le fromage blanc

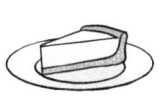

пиріг

gâteau

яйце

œuf

яєчня

œuf au plat

сир

fromage

морозиво

glace

цукор

sucre

мед

miel

мармелад

confiture

нуга-крем

crème nougat

карі

curry

ферма

ferme

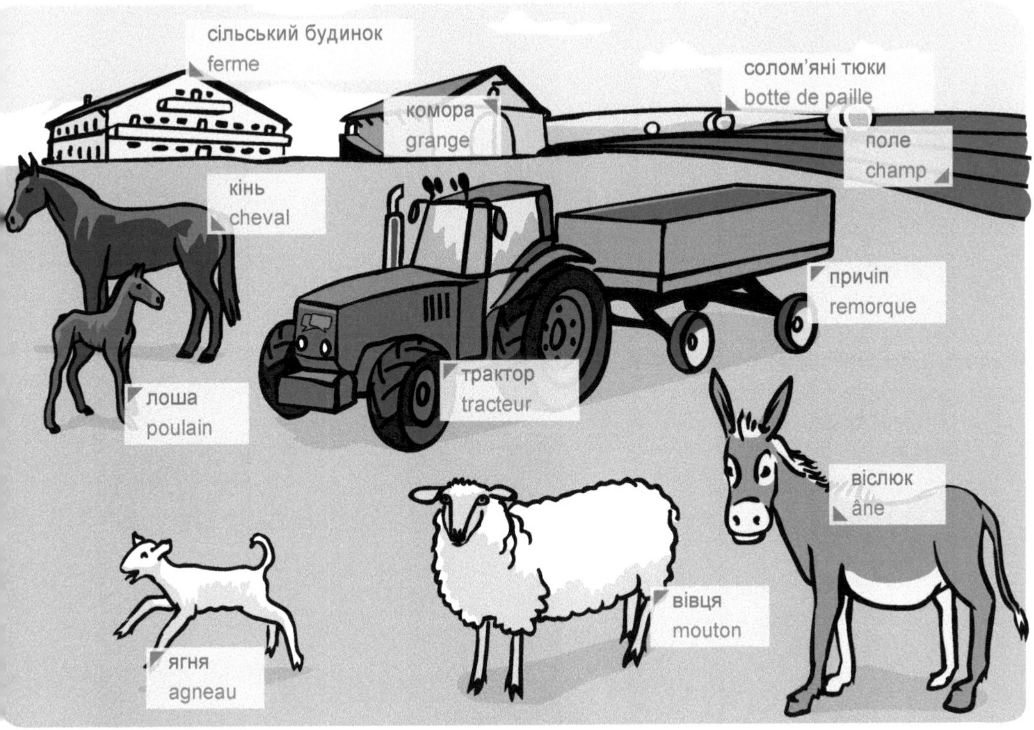

сільський будинок
ferme
комора
grange
солом'яні тюки
botte de paille
поле
champ
кінь
cheval
причіп
remorque
трактор
tracteur
лоша
poulain
віслюк
âne
вівця
mouton
ягня
agneau

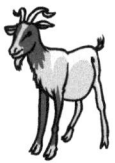

коза

chèvre

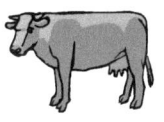

корова

vache

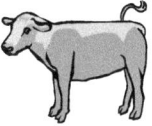

теля

veau

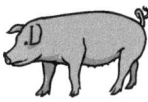

свиня

porc

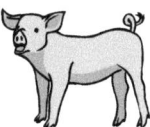

порося

porcelet

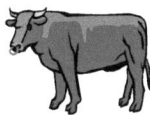

бик

taureau

гусак

oie

качка

canard

курча

poussin

курка

poule

півень

coq

щур

rat

кіт

chat

миша

souris

віл

bœuf

собака

chien

собача будка

chenil

садовий шланг

tuyau de jardin

лійка

arrosoir

коса

faucheuse

плуг

charrue

ферма - ferme

серп

faucille

мотика

pioche

вила

fourche

сокира

hache

тачка

brouette

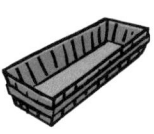

корито

cuve

бідон молока

pot à lait

мішок

sac

паркан

clôture

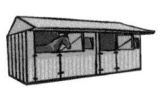

хлів

étable

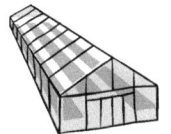

теплиця

serre

ґрунт

sol

насіння

semences

добриво

engrais

комбайн

moissonneuse-batteuse

пожинати

récolter

урожай

récolte

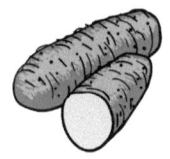

корінь ямсу

igname

пшениця

blé

соя

soja

картопля

pomme de terre

кукурудза

maïs

ріпак

colza

плодове дерево

arbre fruitier

маніок

manioc

злаки

céréales

дім
maison

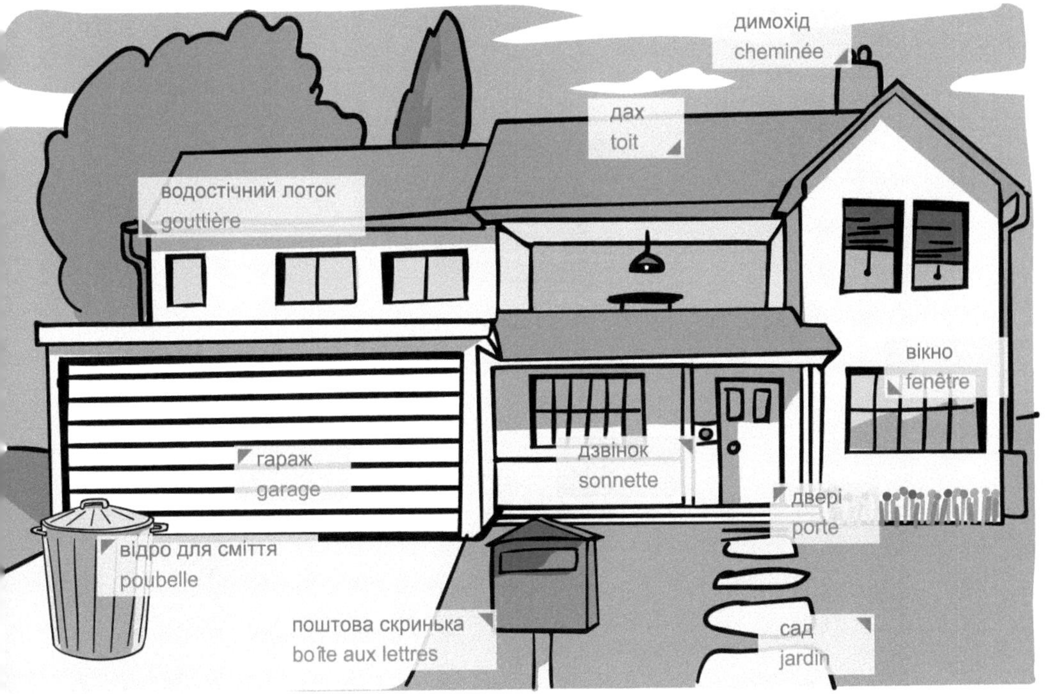

димохід
cheminée
дах
toit
водостічний лоток
gouttière
вікно
fenêtre
гараж
garage
дзвінок
sonnette
двері
porte
відро для сміття
poubelle
поштова скринька
boîte aux lettres
сад
jardin

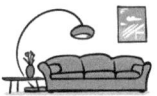

вітальня
salon

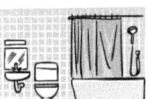

ванна кімната
salle de bain

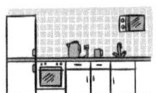

кухня
cuisine

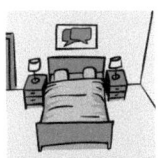

спальня
chambre à coucher

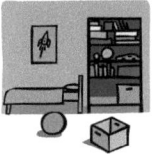

дитяча кімната
chambre d'enfant

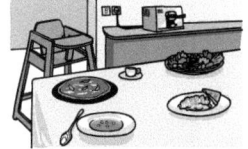

їдальня
salle à manger

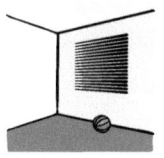

підлога

sol

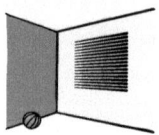

стіна

mur

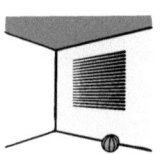

стеля

plafond

підвал

cave

сауна

sauna

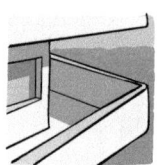

балкон

balcon

тераса

terrasse

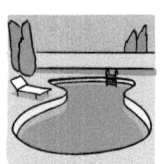

басейн

piscine

косарка

tondeuse à gazon

простирало

housse

ковдра

couette

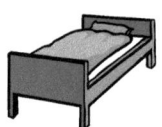

ліжко

lit

мітла

balai

відро

sceau

перемикач

interrupteur

вітальня

salon

шпалери
papier peint
малюнок
image
лампа
lampe
поличка
étagère
шафа
armoire
телевізор
télé
камін
cheminée
квітка
fleur
подушка
coussin
диван
sofa
ваза
vase
пульт
télécommande

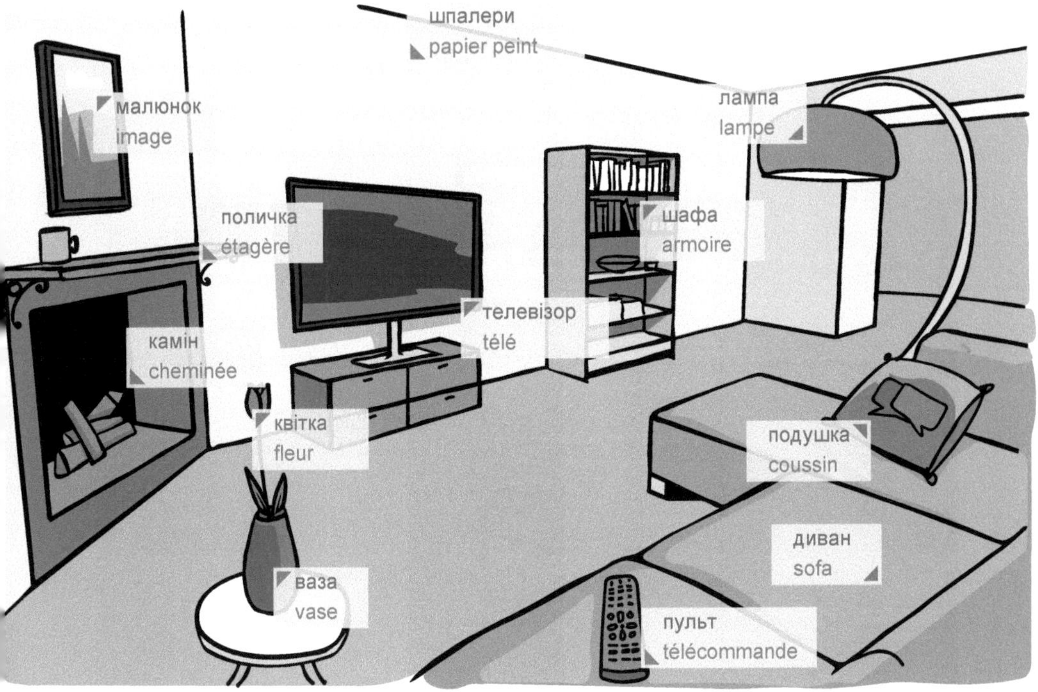

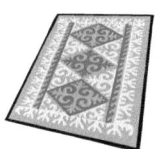

килим

tapis

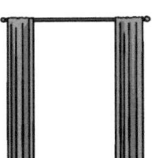

завіса

rideau

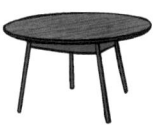

стіл

table

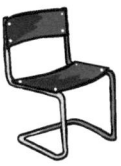

стілець

chaise

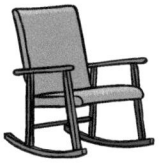

крісло-гойдалка

chaise à bascule

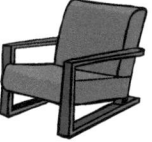

крісло

fauteuil

книга

livre

ковдра

couverture

прикраса

décoration

дрова

bois de chauffage

фільм

film

стереосистема

chaîne hi-fi

ключ

clé

газета

journal

картина

peinture

плакат

poster

радіо

radio

блокнот

bloc-notes

пилосос

aspirateur

кактус

cactus

свічка

bougie

кухня
cuisine

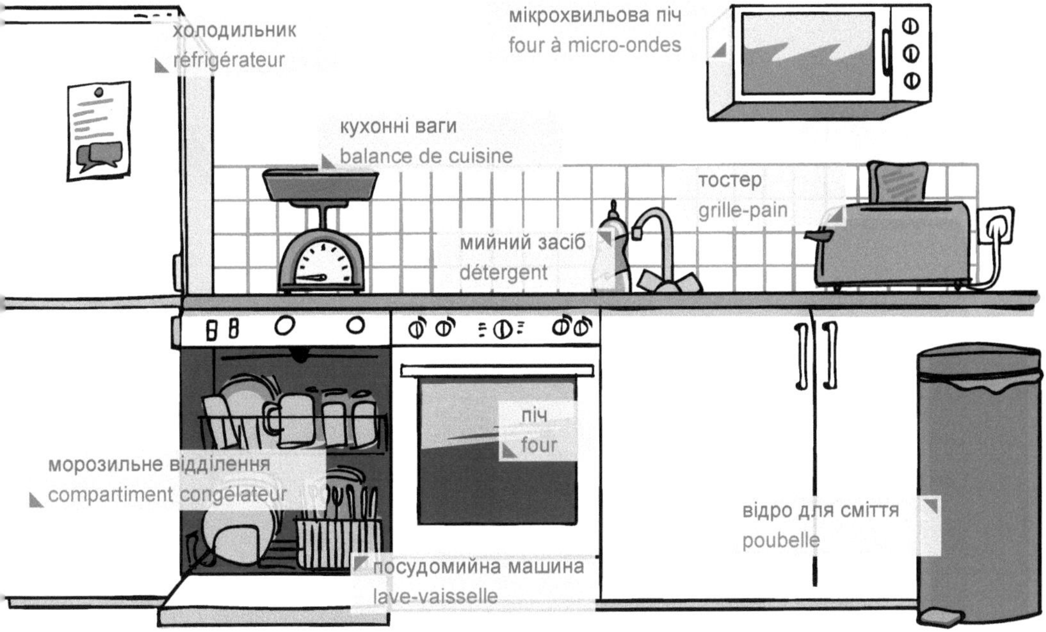
холодильник
réfrigérateur
мікрохвильова піч
four à micro-ondes
кухонні ваги
balance de cuisine
тостер
grille-pain
мийний засіб
détergent
піч
four
морозильне відділення
compartiment congélateur
відро для сміття
poubelle
посудомийна машина
lave-vaisselle

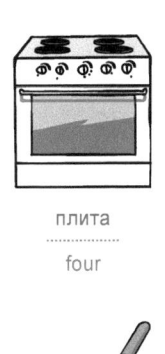

плита

four

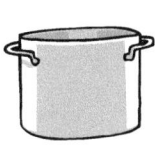

горщик

casserole

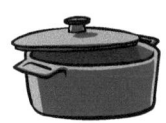

чавунний горщик

marmite

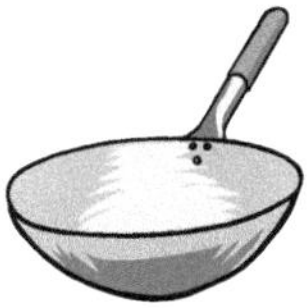

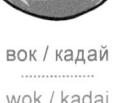

вок / кадай

wok / kadai

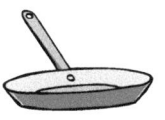

сковорода

poêle

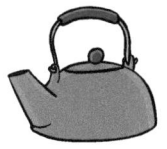

чайник

bouilloire electrique

пароварка

cuiseur vapeur

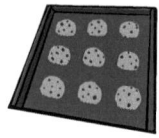

лист

plaque de cuisson

посуд

vaisselle

кухоль

gobelet

чаша

coupe

палички для їжі

baguettes

черпак

louche

лопатка

spatule

вінчик для збивання

fouet

сито

passoire

сито

tamis

терка

râpe

ступка

mortier

барбекю

barbecue

багаття

cheminée

дошка

planche à découper

качалка

rouleau à pâtisserie

штопор

tire-bouchon

конзерва

boîte

відкривачка

ouvre-boîte

прихватки

maniques

раковина

lavabo

щітка

brosse

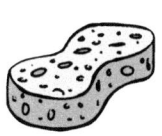

губка

éponge

міксер

mixeur

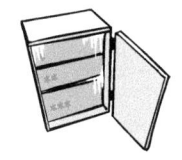

морозильна камера

congélateur

дитяча пляшка

biberon

кран

robinet

кухня - cuisine

ванна кімната
salle de bain

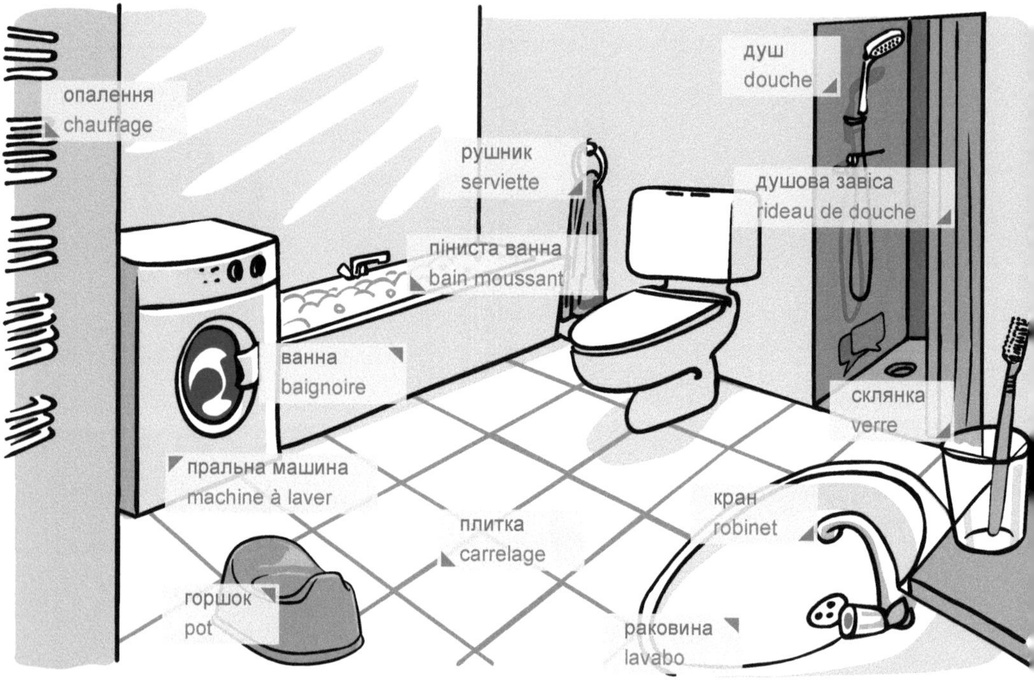

опалення
chauffage
рушник
serviette
душ
douche
душова завіса
rideau de douche
пiниста ванна
bain moussant
ванна
baignoire
склянка
verre
пральна машина
machine à laver
кран
robinet
плитка
carrelage
горшок
pot
раковина
lavabo

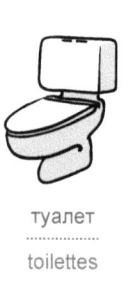

туалет

toilettes

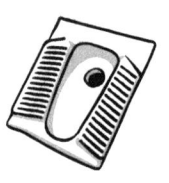

підлоговий туалет

toilette à la turque

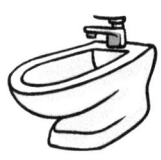

біде

bidet

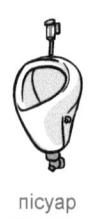

пісуар

urinoir

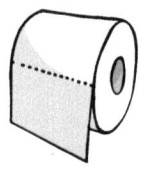

туалетний папір

papier toilette

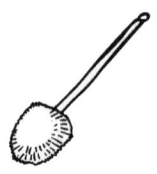

щітка для туалету

brosse à toilette

зубна щітка

brosse à dents

зубна паста

dentifrice

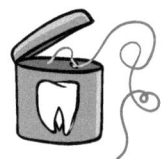

нитка для чищення зубів

fil dentaire

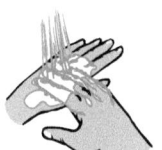

мити

laver

ручний душ

douche manuelle

інтимний душ

douche intime

таз

vasque

щітка для спини

brosse dorsale

мило

savon

гель для душу

gel douche

шампунь

shampooing

мочалка

gant de toilette

водостік

écoulement

крем

crème

дезодорант

déodorant

ванна кімната - salle de bain

дзеркало

miroir

косметичне дзеркало

miroir cosmétique

бритва

rasoir

піна для гоління

mousse à raser

лосьйон після гоління

après-rasage

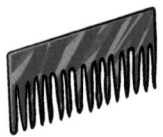

гребінь

peigne

щітка

brosse

фен

sèche-cheveux

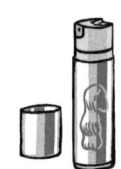

лак для волосся

laque pour cheveux

косметика

fond de teint

губна помада

rouge à lèvres

лак для нігтів

vernis à ongles

вата

ouate

ножиці для нігтів

coupe-ongles

парфум

parfum

косметичка

trousse de toilette

табурет

tabouret

ваги

pèse-personne

халат

peignoir

гумові рукавички

gants de nettoyage

тампон

tampon

гігієнічні прокладки

serviettes hygiéniques

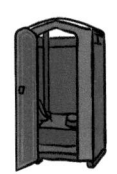

біотуалет

toilette chimique

дитяча кімната
chambre d'enfant

будильник
réveil
м'яка іграшка
doudou
іграшковий автомобіль
voiture jouet
брязкальце
hochet
ляльковий будиночок
maison de poupée
подарунок
cadeau

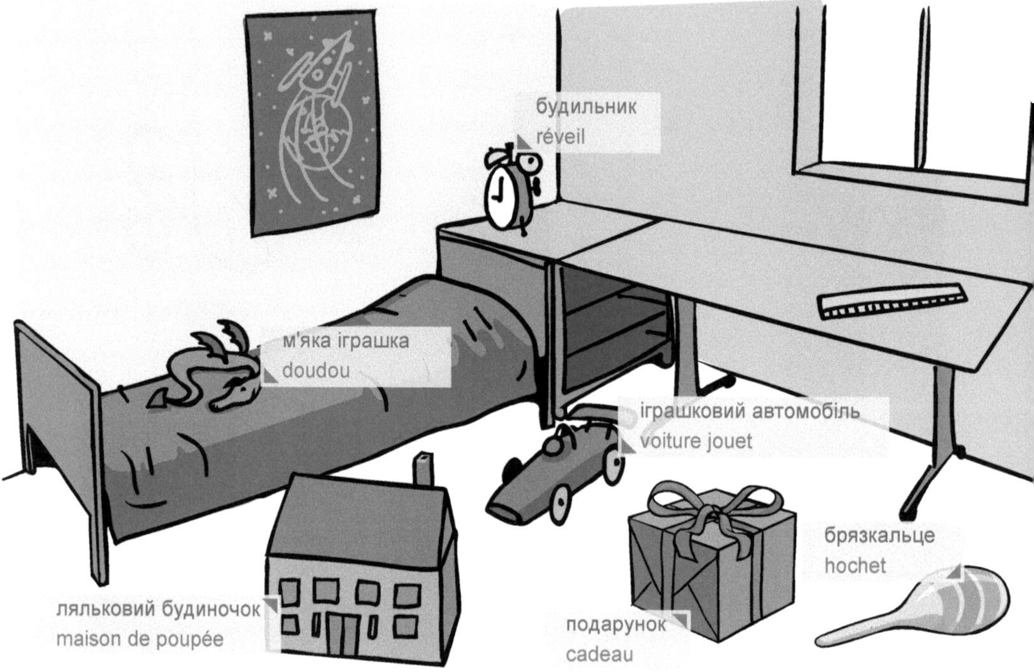

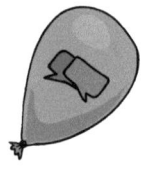

повітряна кулька

ballon

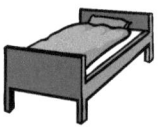

ліжко

lit

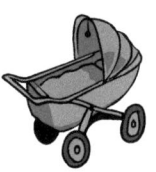

дитячий візок

poussette

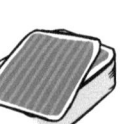

картярська гра

jeu de cartes

пазл

puzzle

SUPER
MEGA

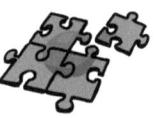

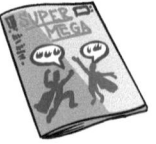

комікс

bande dessinée

лего цеглинки

pièces lego

блоки

blocs de construction

іграшкова фігурка

figurine

повзунки

grenouillère

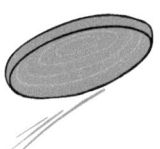

фризбі

frisbee

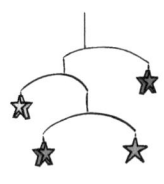

мобіле

mobile

настільна гра

jeu de société

кубик

dé

модель залізнична станція

train miniature

соска

sucette

вечірка

fête

книжка з картинками

livre d'images

м'яч

balle

лялька

poupée

грати

jouer

пісочниця

bac à sable

гойдалка

balançoire

іграшка

jouets

гральна консоль

console de jeu

триколісний велосипед

tricycle

плюшевий мішка

ours en peluche

шафа

armoire

одяг

vêtements

шкарпетки

chaussettes

панчохи

bas

колготки

collant

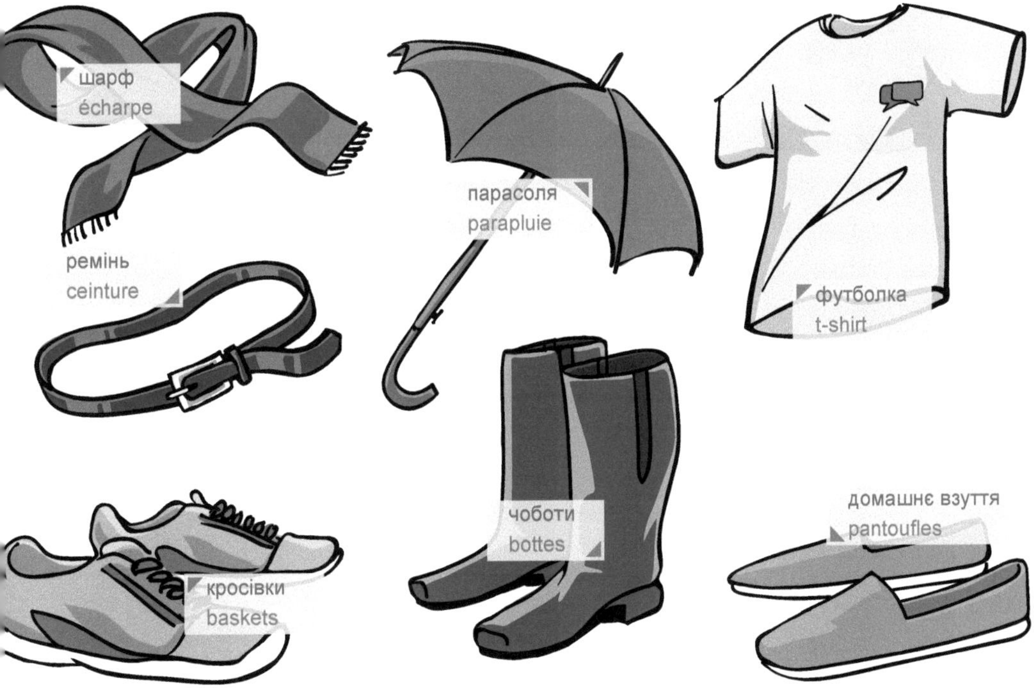

шарф
écharpe

ремінь
ceinture

парасоля
parapluie

футболка
t-shirt

чоботи
bottes

домашнє взуття
pantoufles

кросівки
baskets

сандалі

sandales

взуття

chaussures

гумові чоботи

bottes de caoutchouc

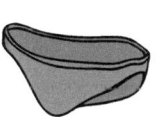

труси

sous-vêtements

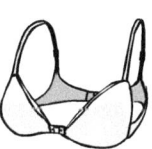

бюстгальтер

soutien-gorge

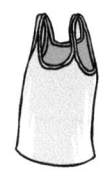

нижня сорочка

maillot de corps

боді

body

штани

pantalon

джинси

jean

спідниця

jupe

блузка

chemisier

сорочка

chemise

пуловер

pull

светр

sweat à capuche

піджак

veste

куртка

veste

пальто

manteau

дощовик

imperméable

костюм

costume

сукня

robe

весільна сукня

robe de mariée

костюм

costume

нічна сорочка

chemise de nuit

піжама

pyjama

сарі

sari

головна хустка

foulard

чалма

turban

бурка

burqa

кафтан

caftan

абая

abaya

купальник

maillot de bain

плавки

maillot de bain

шорти

short

тренувальний костюм

tenue d'entraînement

фартух

tablier

рукавички

gants

гудзик

bouton

окуляри

lunettes

браслет

bracelet

ланцюг

collier

кільце

bague

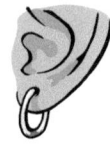

сережка

boucle d'oreille

шапка

bonnet

плічка

cintre

капелюх

chapeau

краватка

cravate

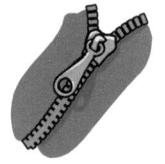

застібка-блискавка

fermeture éclair

шолом

casque

підтяжки

bretelles

шкільна форма

uniforme scolaire

уніформа

uniforme

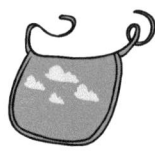

нагрудник

bavoir

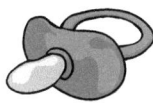

соска

sucette

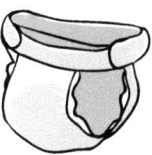

підгузок

lange

офіс

bureau

сервер
serveur
шаф для документів
armoire d'archivage
принтер
imprimante
папір
papier
монітор
écran
миша
souris
письмовий стіл
bureau
папка
classeur
синтезатор
clavier
стілець
chaise
кошик для паперу
corbeille à papier
комп'ютер
ordinateur

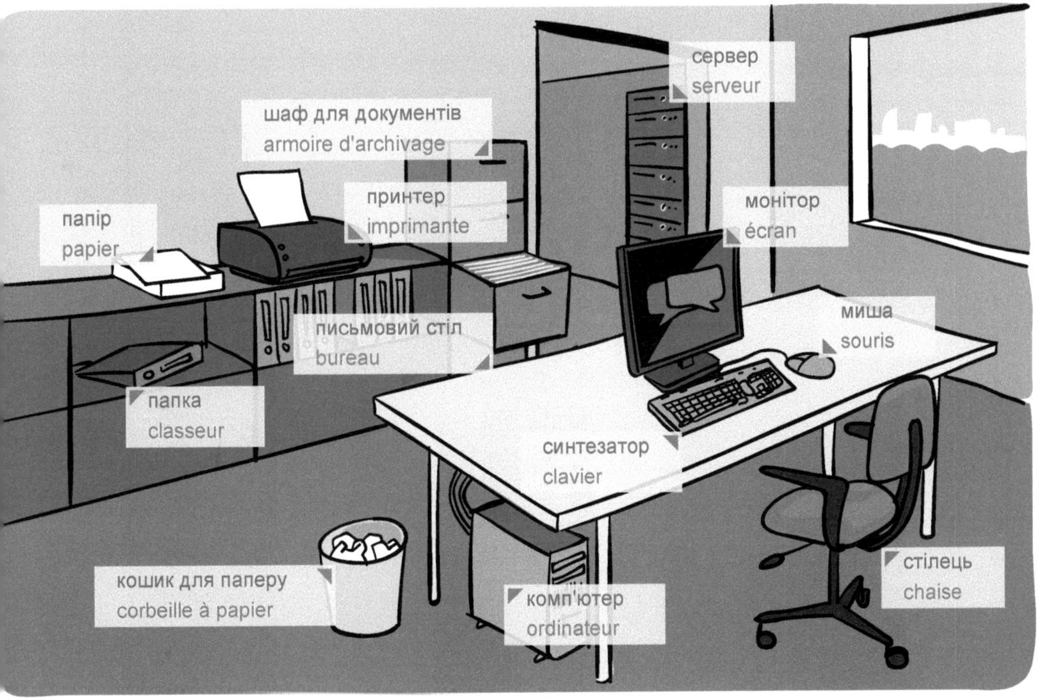

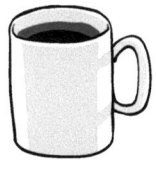

кавовий кухоль

tasse de café

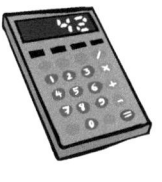

калькулятор

calculatrice

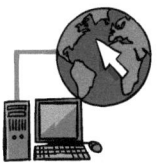

інтернет

internet

ноутбук

ordinateur portable

лист

lettre

повідомлення

message

мобільний телефон

portable

мережа

réseau

копіювальний пристрій

photocopieuse

програмне забезпечення

logiciel

телефон

téléphone

розетка

prise

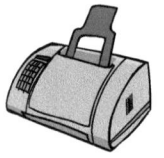

факс

fax

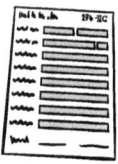

бланк

formulaire

документ

document

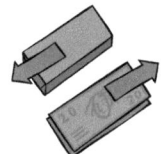

купувати

acheter

платити

payer

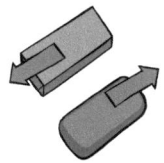

торгувати

faire du commerce

гроші

monnaie

долар

dollar

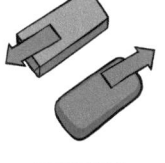

євро

euro

ієна

yen

рубль

rouble

франк

franc suisse

юанів женьміньбі

renminbi yuan

рупія

roupie

банкомат

distributeur automatique

обмінний пункт

bureau de change

золото

or

срібло

argent

нафта

pétrole

енергія

énergie

ціна

prix

контракт

contrat

податок

taxe

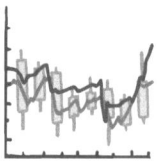

акція

action

працювати

travailler

працівник

employé

роботодавець

employeur

фабрика

usine

магазин

magasin

професії
professions

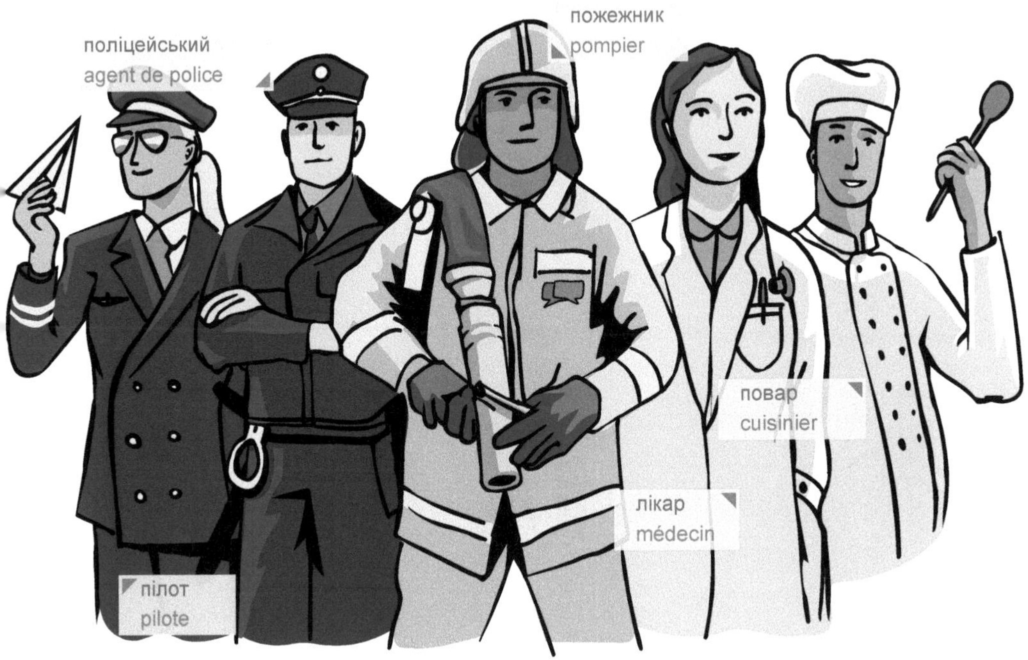
поліцейський
agent de police
пожежник
pompier
повар
cuisinier
лікар
médecin
пілот
pilote

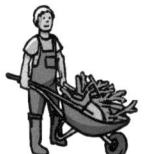

садівник
....
jardinier

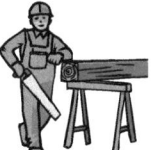

столяр
....
menuisier

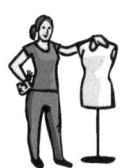

швачка
....
couturière

суддя
....
juge

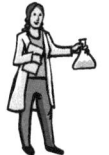

хімік
....
chimiste

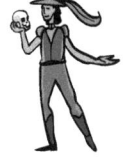

актор
....
acteur

водій автобуса

conducteur de bus

таксист

chauffeur de taxi

рибалка

pêcheur

прибиральниця

femme de ménage

покрівельник

couvreur

офіціант

serveur

мисливець

chasseur

художник

peintre

пекар

boulanger

електрик

électricien

будівельник

ouvrier

інженер

ingénieur

забійник

boucher

бляхар

plombier

листоноша

facteur

солдат

soldat

архітектор

architecte

касир

caissier

флорист

fleuriste

перукар

coiffeur

кондуктор

contrôleur

механік

mécanicien

капітан

capitaine

дантист

dentiste

вчений

scientifique

рабин

rabbin

імам

imam

монах

moine

пастор

prêtre

інструменти
outils

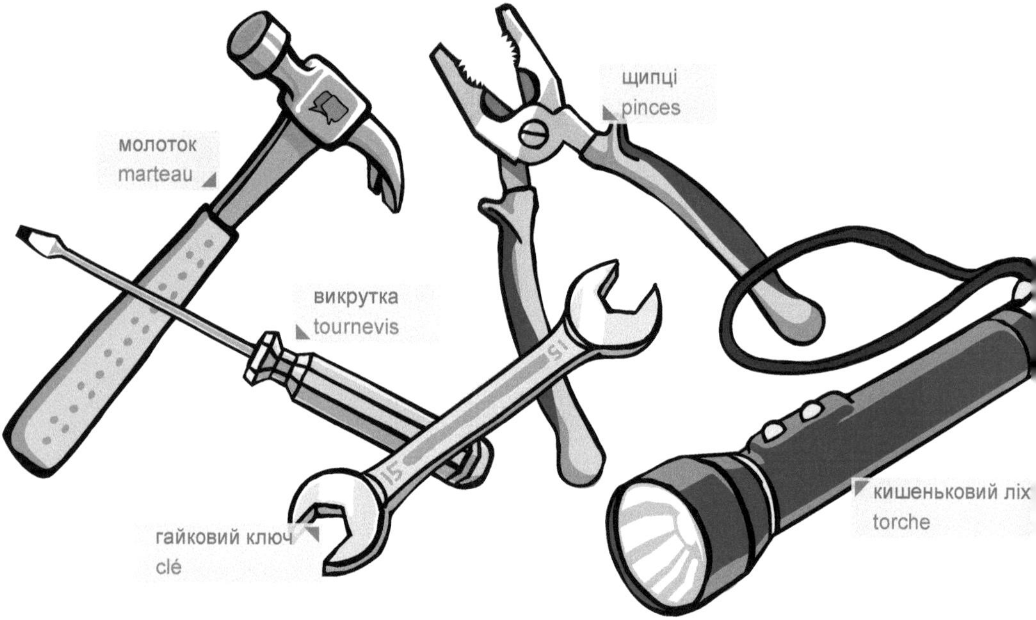
молоток
marteau
щипці
pinces
викрутка
tournevis
гайковий ключ
clé
кишеньковий ліх
torche

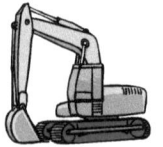

екскаватор

pelleteuse

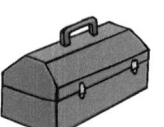

ящик для інструментів

boîte à outils

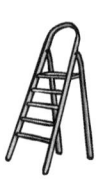

драбина

échelle

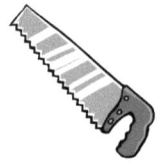

пилка

scie

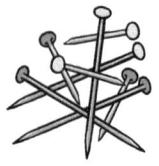

цвяхи

clous

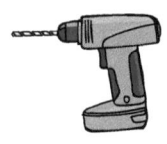

свердло

perceuse

ремонтувати

réparer

лопата

pelle

лайно!

Mince !

совок

pelle

відро з фарбою

pot de peinture

гвинти

vis

музичні інструменти

instruments de musique

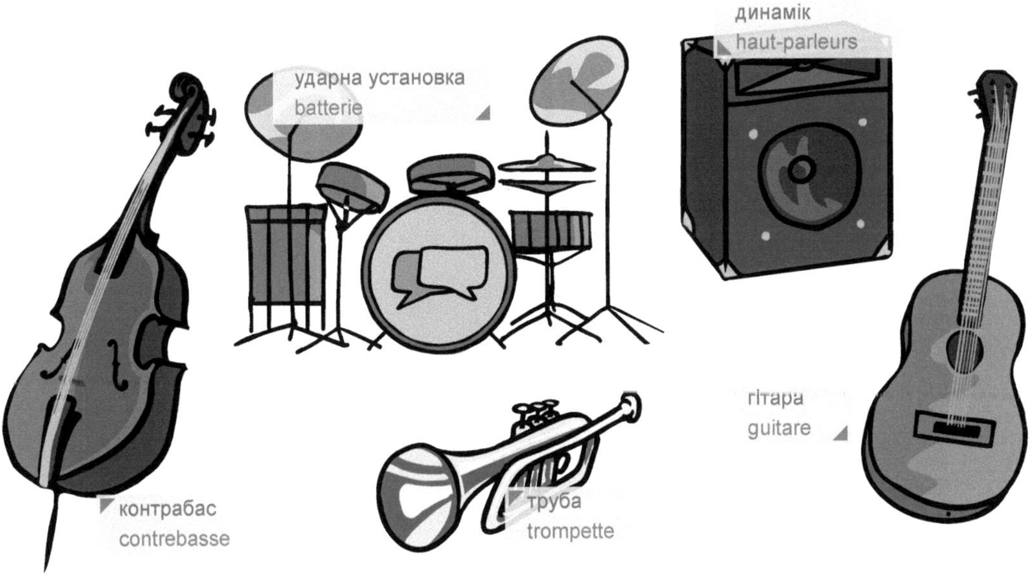

контрабас
contrebasse

ударна установка
batterie

динамік
haut-parleurs

труба
trompette

гітара
guitare

фортепіано

piano

скрипка

violon

бас

basse

литаври

timbales

барабан

tambour

клавіатура

piano électrique

саксофон

saxophone

флейта

flûte

мікрофон

microphone

тигр
tigre

вхід
entrée

клітка
cage

зебра
zèbre

корм
alimentation animale

панда
panda

тварини

animaux

слон

éléphant

кенгуру

kangourou

носоріг

rhinocéros

горила

gorille

ведмідь

ours

верблюд

chameau

страус

autruche

лев

lion

мавпа

singe

фламінго

flamand rose

папуга

perroquet

білий ведмідь

ours polaire

пінгвін

pingouin

акула

requin

павич

paon

змія

serpent

крокодил

crocodile

працівник зоопарку

gardien de zoo

тюлень

phoque

ягуар

jaguar

поні

poney

леопард

léopard

гіпопотам

hippopotame

жираф

girafe

орел

aigle

кабан

sanglier

риба

poisson

черепаха

tortue

морж

morse

лисиця

renard

газель

gazelle

американський футбол
american Football

їзда на велосипеді
cyclisme

теніс
tennis

баскетбол
basket-ball

плавання
natation

бокс
boxe

хокей
hockey sur glace

футбол
football

бадмінтон
badminton

легка атлетика
athlétisme

гандбол
handball

лижні перегони
ski

поло
polo

дії
activités

сміятися
rire
стрибати
sauter
обіймати
embrasser
йти
marcher
співати
chanter
мріяти
rêver
молитися
prier
цілувати
faire la bise

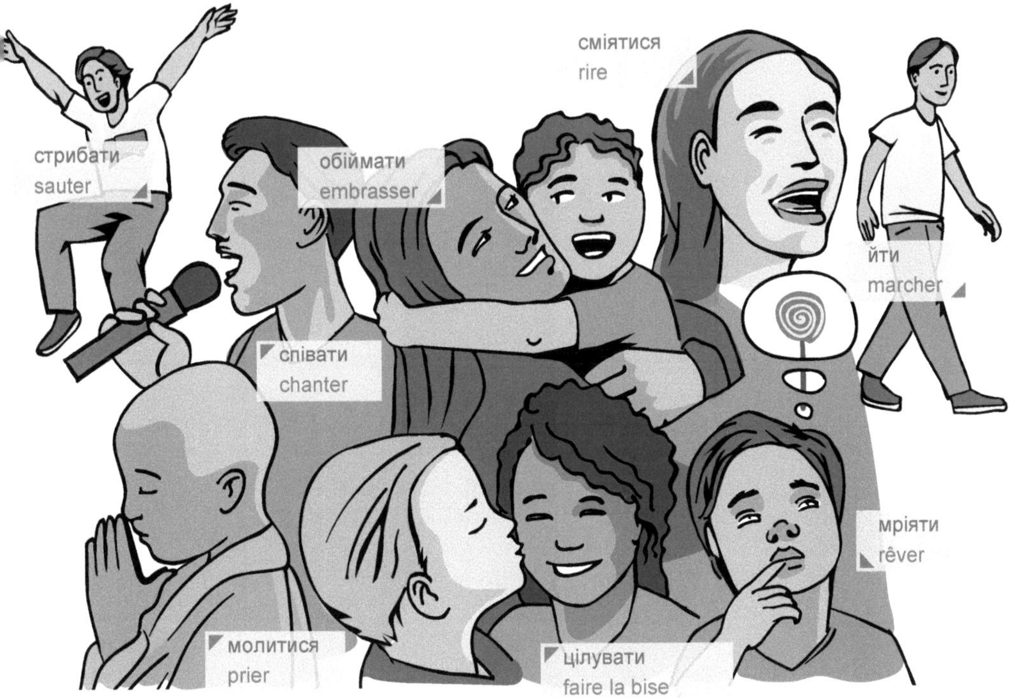

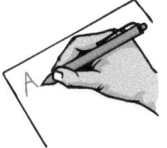

писати

écrire

малювати

dessiner

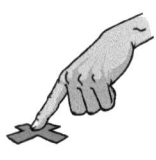

показувати

montrer

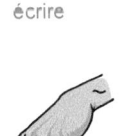

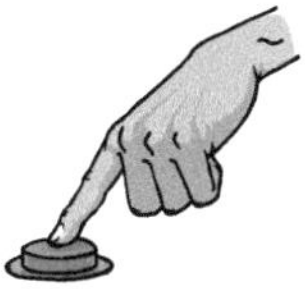

тиснути

pousser

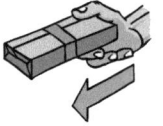

давати

donner

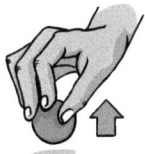

брати

prendre

мати

avoir

робити

faire

бути

être

стояти

être debout

бігати

courir

тягнути

trier

кидати

jeter

падати

tomber

лежати

être couché

очікувати

attendre

носити

porter

сидіти

être assis

одягати

s'habiller

спати

dormir

просипатися

se réveiller

дивитися

regarder

плакати

pleurer

гладити

caresser

розчісувати

peigner

розмовляти

parler

розуміти

comprendre

питати

demander

слухати

écouter

пити

boire

їсти

manger

прибирати

ranger

любити

aimer

варити

cuire

їхати

conduire

літати

voler

дії - activités

йти під вітрилом

faire de la voile

рахувати

calculer

читати

lire

вчитися

apprendre

працювати

travailler

одружуватися

se marier

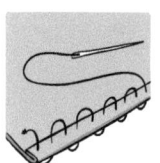

шити

coudre

чистити зуби

brosser les dents

убивати

tuer

курити

fumer

посилати

envoyer

сім'я
famille

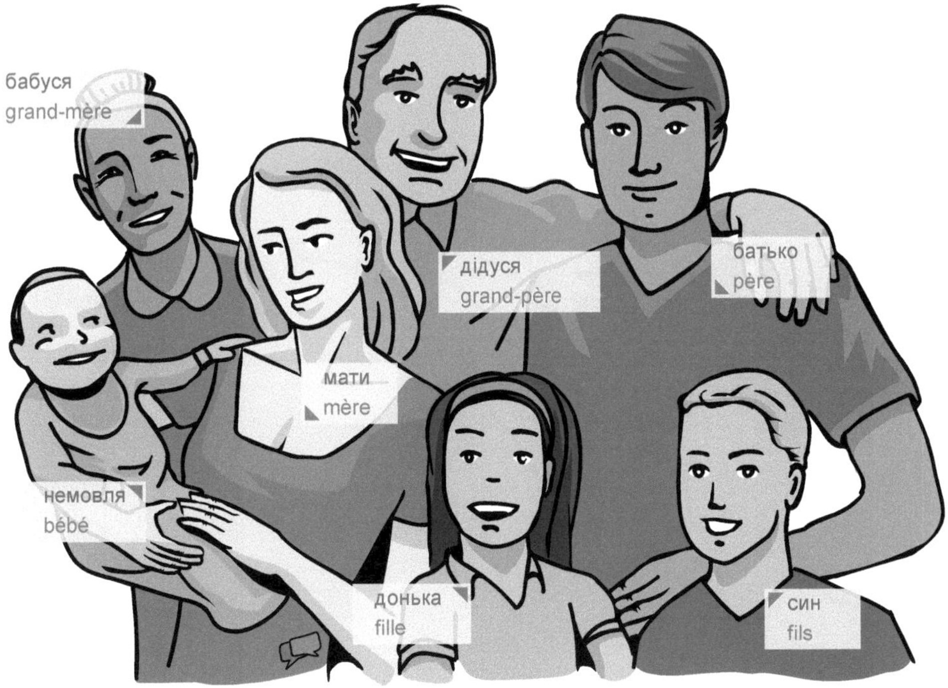
бабуся
grand-mère
дідуся
grand-père
батько
père
мати
mère
немовля
bébé
донька
fille
син
fils

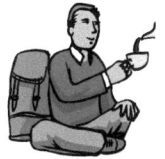

гість

hôte

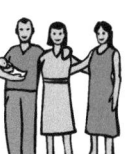

тітка

tante

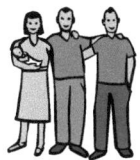

дядько

oncle

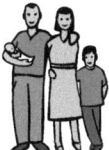

брат

frère

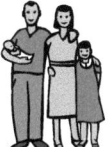

сестра

sœur

тіло

corps

чоло
front
око
œil
плече
épaule
палець
doigt
обличчя
visage
підборіддя
menton
кисть
main
груди
poitrine
нога
jambe
рука
bras

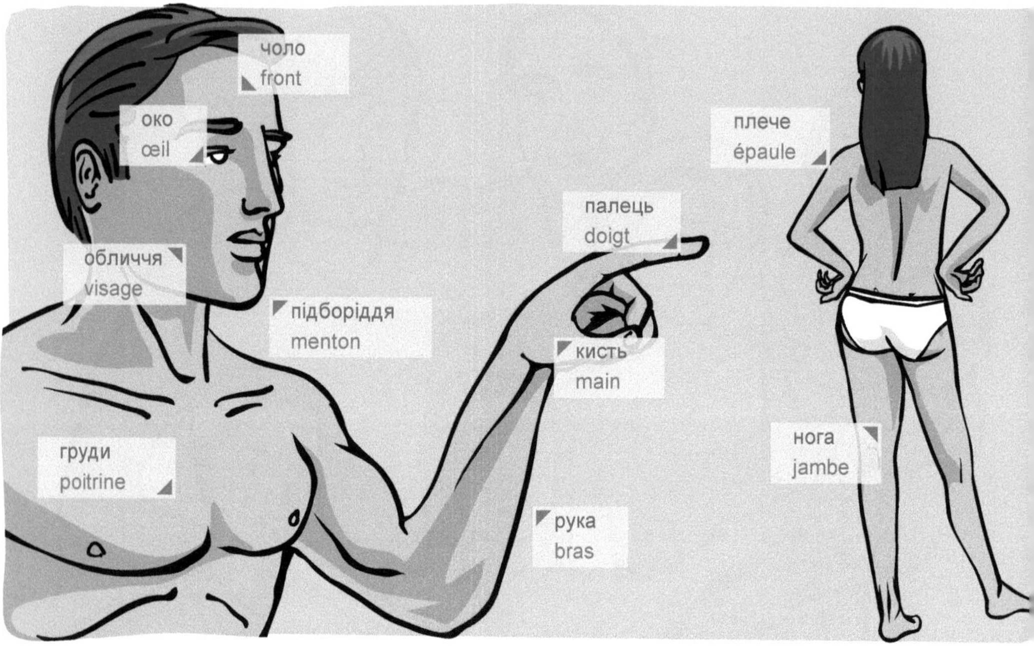

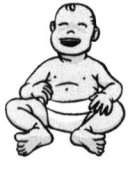

немовля

bébé

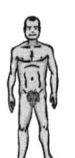

чоловік

homme

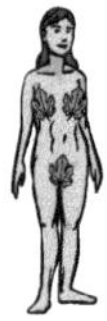

жінка

femme

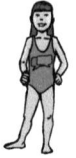

дівчина

fille

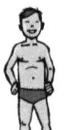

хлопчик

garçon

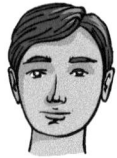

голова

tête

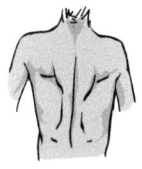

спина

dos

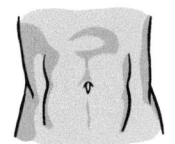

живіт

ventre

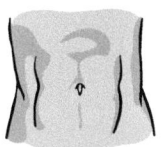

пуп

nombril

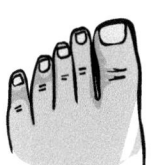

палець ноги

orteil

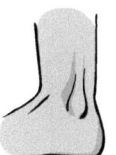

п'ята

talon

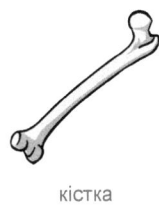

кістка

os

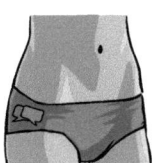

стегно

hanche

коліно

genou

лікоть

coude

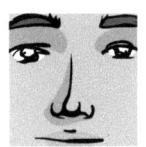

ніс

nez

сідниці

fesses

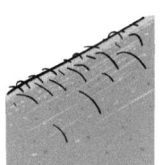

шкіра

peau

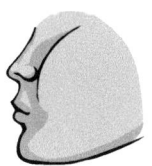

щока

joue

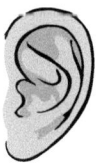

вухо

oreille

губа

lèvre

рот

bouche

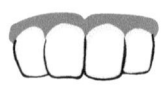

зуб

dent

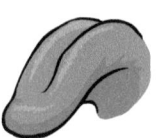

язик

langue

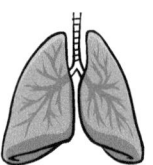

мозок

cerveau

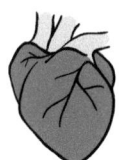

серце

cœur

м'яз

muscle

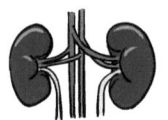

легені

poumons

печінка

foie

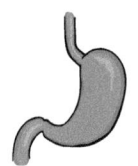

шлунок

estomac

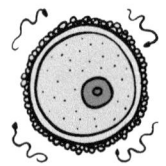

нирки

reins

статевий акт

rapport sexuel

презерватив

préservatif

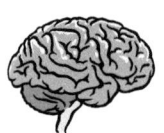

яйцеклітина

ovule

сперма

sperme

вагітність

grossesse

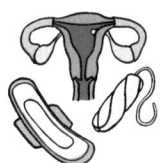

менструація
menstruation

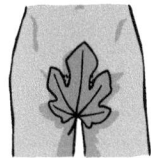

вагіна
vagin

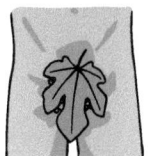

пеніс
pénis

брова
sourcil

волосся
cheveux

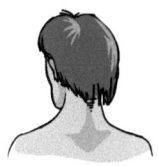

шия
cou

лікарня
hôpital

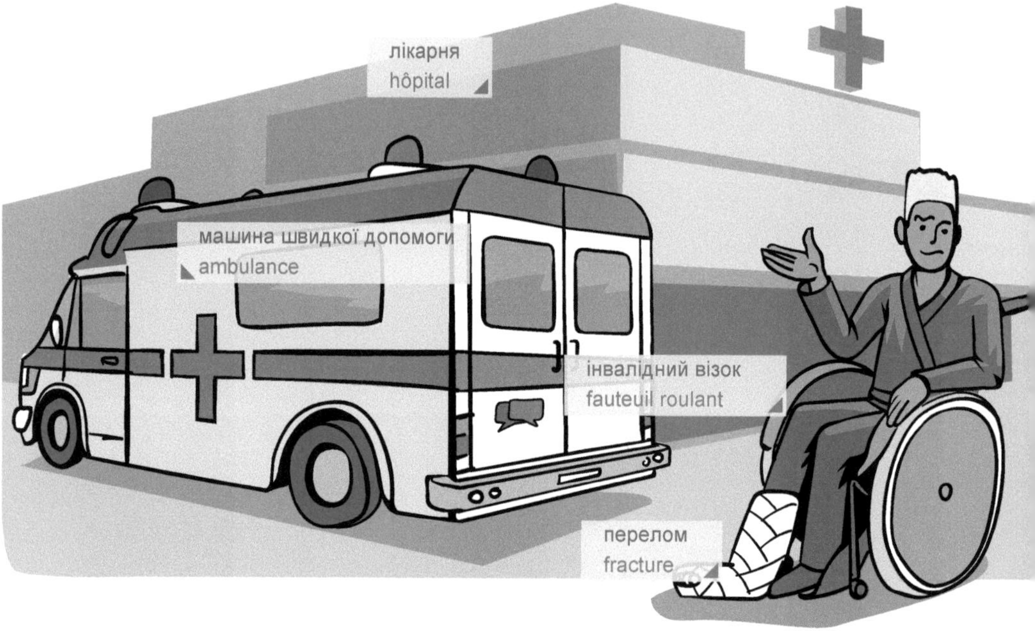

лікарня
hôpital
машина швидкої допомоги
ambulance
інвалідний візок
fauteuil roulant
перелом
fracture

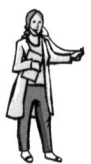

лікар

médecin

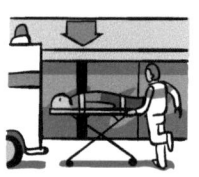

відділення швидкої медичної допомоги

service des urgences

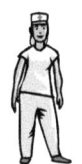

медсестра

infirmière

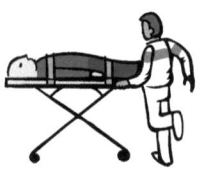

аварійний випадок

urgence

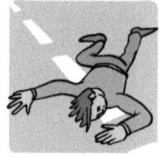

непритомний

inconscient

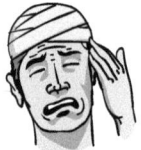

біль

douleur

травма

blessure

кровотеча

hémorragie

інфаркт

crise cardiaque

інсульт

attaque cérébrale

алергія

allergie

кашель

toux

лихоманка

fièvre

грип

grippe

пронос

diarrhée

головна біль

mal de tête

рак

cancer

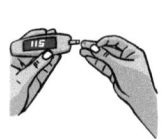

діабет

diabète

хірург

chirurgien

скальпель

scalpel

операція

opération

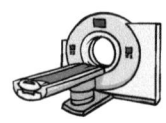

КТ
CT

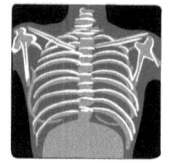

рентген
radiographie

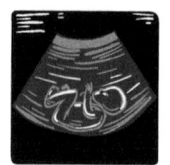

ультразвук
échographie

маска
masque

хвороба
maladie

зал очікування
salle d'attente

милиця
béquille

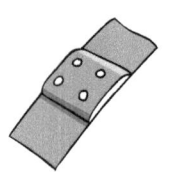

пластир
pansement

пов'язка
pansement

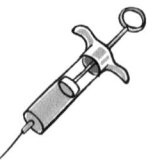

ін'єкція
injection

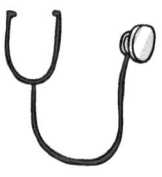

стетоскоп
stéthoscope

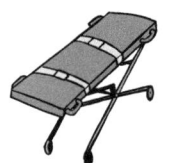

ноші
brancard

термометр
thermomètre

народження
accouchement

надмірна вага
surcharge pondérale

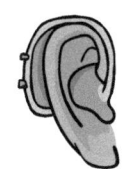

слуховий апарат

appareil auditif

дезінфікуючий засіб

désinfectant

інфекція

infection

вірус

virus

ВІЛ / СНІД

VIH / sida

медицина

médicament

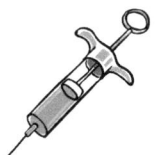

вакцинація

vaccination

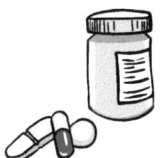

таблетки

comprimés

протизаплідна пігулка

pilule

екстрений виклик

appel d'urgence

тонометр

tensiomètre

хворий / здоровий

malade / sain

Допоможіть!

Au secours !

сигнал тривоги

alarme

напад

assaut

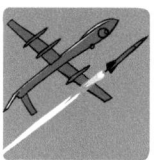

атака

attaque

небезпека

danger

аварійний вихід

sortie de secours

Вогонь!

Au feu!

вогнегасник

extincteur

аварія

accident

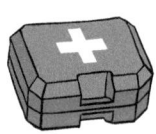

аптечка

trousse de premier secours

СОС

SOS

поліція

police

Європа

Europe

Північна Америка

Amérique du Nord

Південна Америка

Amérique du Sud

Африка

Afrique

Азія

Asie

Австралія

Australie

Атлантика

Océan atlantique

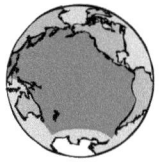

Тихий океан

Océan pacifique

Індійський океан

Océan indien

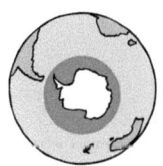

Антарктичний океан

Océan antarctique

Північний Льодовитий
океан

Océan arctique

Північний полюс

pôle nord

Південний полюс

pôle sud

Антарктика

Antarctique

Земля

terre

суша

pays

море

mer

острів

île

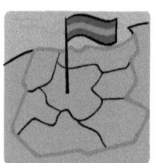

нація

nation

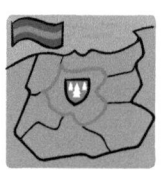

держава

état

циферблат

cadran

годинникова стрілка

aiguille des heures

хвилинна стрілка

aiguille des minutes

секундна стрілка

aiguille des secondes

Котра година?

Quelle heure est-il ?

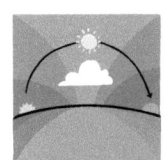

день

jour

час

temps

зараз

maintenant

цифровий годинник

montre digitale

хвилина

minute

година

heure

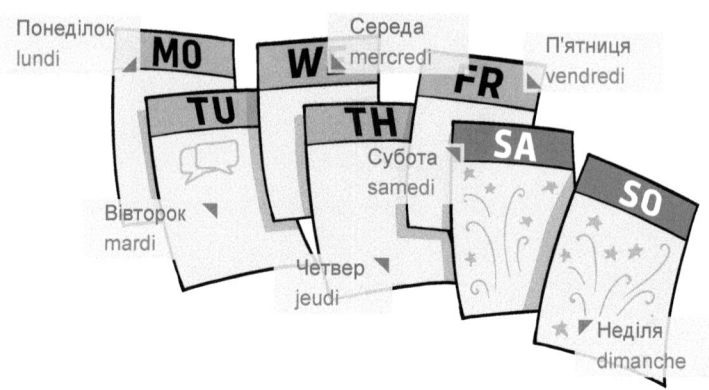

Понеділок
lundi

Середа
mercredi

П'ятниця
vendredi

Вівторок
mardi

Субота
samedi

Четвер
jeudi

Неділя
dimanche

вчора

hier

сьогодні

aujourd'hui

завтра

demain

ранок

matin

опівдні

midi

вечір

soir

робочі дні

jours ouvrables

кінець робочого тижня

week-end

дощ
pluie

веселка
arc-en-ciel

сніг
neige

вітер
vent

весна
printemps

осінь
automne

літо
été

зима
hiver

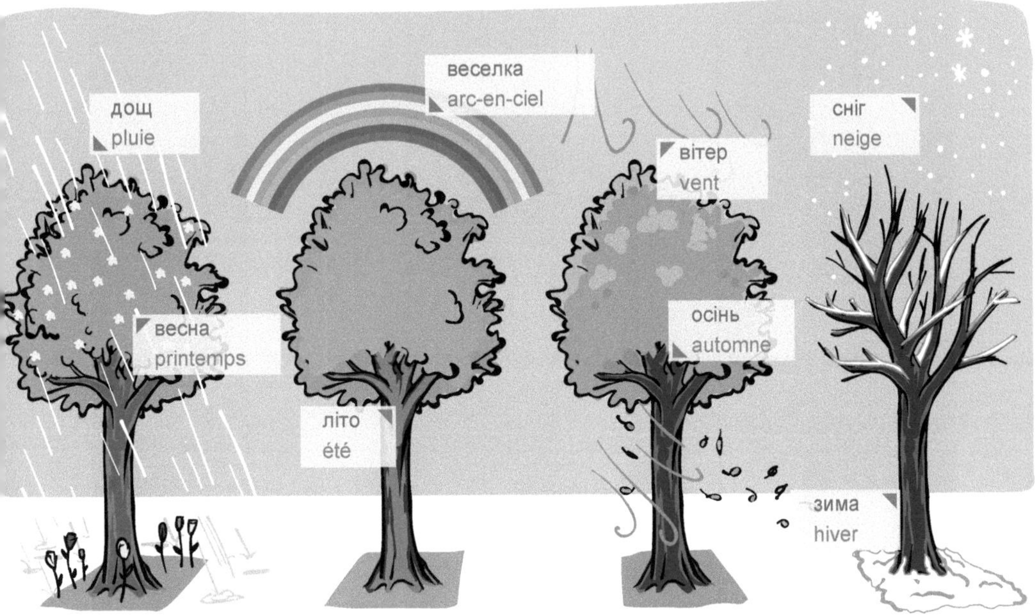

прогноз погоди
météo

термометр
thermomètre

сонячне світло
lumière du soleil

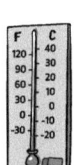

хмара
nuage

туман
brouillard

вологість повітря
humidité

блискавка

foudre

грім

tonnerre

шторм

tempête

град

grêle

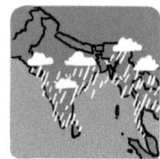

мусон

mousson

повінь

inondation

лід

glace

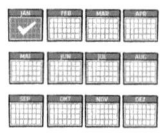

Січень

janvier

Лютий

février

Березень

mars

Квітень

avril

Травень

mai

Червень

juin

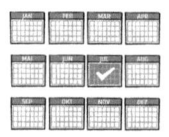

Липень

juillet

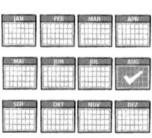

Серпень

août

Вересень
....
septembre

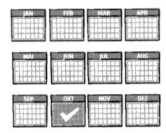

Жовтень
....
octobre

Листопад
....
novembre

Грудень
....
décembre

форми

formes

круг
....
cercle

квадрат
....
carré

прямокутник
....
rectangle

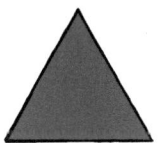

трикутник
....
triangle

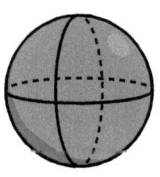

куля
....
sphère

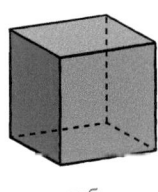

куб
....
cube

білий

blanc

жовтий

jaune

помаранчевий

orange

рожевий

rose

червоний

rouge

фіолетовий

violet

синій

bleu

зелений

vert

коричневий

marron

сірий

gris

чорний

noir

багато / мало

beaucoup / peu

лютий / мирний

fâché / calme

гарний / бридкий

joli / laid

початок / кінець

début / fin

великий / малий

grand / petit

світлий / темний

clair / obscure

брат / сестра

frère / soeur

чистий / брудний

propre / sale

завершений / незавершений

complet / incomplet

день / ніч

jour / nuit

мертвий / живий

mort / vivant

широкий / вузький

large / étroit

їстівний / неїстівний

comestible / incomestible

злий / дружній

méchant / gentil

збуджений / нудьгуючий

excité / ennuyé

товстий / тонкий

gros / mince

спочатку / востаннє

premier / dernier

друг / ворог

ami / ennemi

повний / порожній

plein / vide

жорсткий / м'який

dur / souple

важкий / легкий

lourd / léger

голод / спрага

faim / soif

хворий / здоровий

malade / sain

незаконний / законний

illégal / légal

розумний / дурний

intelligent / stupide

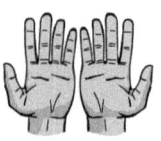

вліво / вправо

gauche / droite

поруч / далеко

proche / loin

новий / використаний

nouveau / usé

нічого / щось

rien / quelque chose

старий / молодий

vieux / jeune

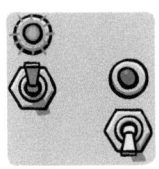

вкл / викл

marche / arrêt

відкрито / закрито

ouvert / fermé

тихо / гучно

faible / fort

багатий / бідний

riche / pauvre

правильно / неправильно

correct / incorrect

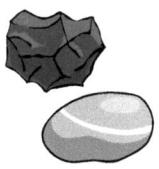

шорсткий / гладкий

rugueux / lisse

сумний / щасливий

triste / heureux

короткий / довгий

court / long

повільно / швидко

lent / rapide

вологий / сухий

mouillé / sec

гарячий / холодний

chaud / froid

війна / мир

guerre / paix

протилежності - oppositions

0

нуль

zéro

1

один

un / une

2

два

deux

3

три

trois

4

чотири

quatre

5

п'ять

cinq

6

шість

six

7

сім

sept

8

вісім

huit

9

дев'ять

neuf

10

десять

dix

11

одинадцять

onze

12

дванадцять

douze

13

тринадцять

treize

14

чотирнадцять

quatorze

15

п'ятнадцять

quinze

16

шістнадцять

seize

17

сімнадцять

dix-sept

18

вісімнадцять

dix-huit

19

дев'ятнадцять

dix-neuf

20

двадцять

vingt

100

сто

cent

1.000

тисяча

mille

1.000.000

мільйон

million

числа - nombres

англійська

anglais

американська англійська

anglais américain

китайська
високочиновницька

chinois mandarin

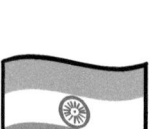

хінді

hindi

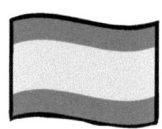

іспанська

espagnol

французька

français

арабська

arabe

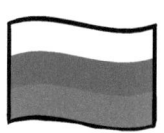

російська

russe

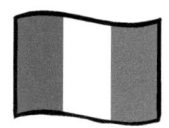

португальська

portugais

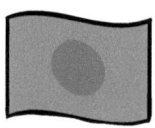

бенгальська

bengali

німецька

allemand

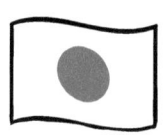

японська

japonais

я

je

ти

tu

він / вона / воно

il / elle / ce, c', cela

ми

nous

ви

vous

вони

ils / elles

хто?

Qui ?

що?

Quoi ?

як?

Comment ?

де?

Où ?

коли?

Quand ?

ім'я

nom

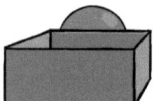

ззаду

derrière

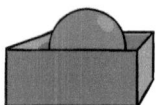

в

dans

перед

devant

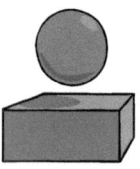

над

au-dessus

на

sur

під

en-dessous

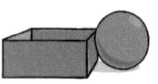

біля

à côté de

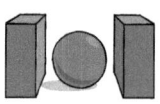

між

entre

місце

lieu